AF246089

NOTICE HISTORIQUE

SUR LA VIE ET LES OUVRAGES

DE

Nicolas SAUCEROTTE,

LUE A LA SOCIÉTÉ DE MÉDECINE DE PARIS, DANS SA SÉANCE
DU 17 MAI 1814.

Par Victor SAUCEROTTE,

DENTISTE DES DISPENSAIRES DE PARIS.

A PARIS,

DE L'IMPRIMERIE DE L. G. MICHAUD,
RUE DES BONS-ENFANTS, N°. 34.

M. DCCC. XIV.

NOTICE HISTORIQUE

SUR LA VIE ET LES OUVRAGES

DE

Nicolas SAUCEROTTE.

———

Messieurs,

Si les pleurs de toute une famille, si les
regrets de l'amitié et l'estime des hommes de
l'art, peuvent ériger un monument durable,
celui que j'élève aujourd'hui au plus tendre
des pères et au plus éclairé des maîtres,
est à l'abri de la destruction des temps;
si les larmes d'un fils, si son amour et sa
reconnaissance, ne sont pas des titres suffi-
sants pour tracer l'histoire des travaux de
celui dont il déplore la perte, cet Essai
obtiendra, au moins, quelque indulgence,
puisqu'il a pour objet de transmettre à nos

neveux la tradition fidèle de l'homme de bien dont toute la vie fut consacrée au soulagement de ses semblables.

Nicolas Saucerotte naquit à Lunéville, le 10 juin 1741; après avoir fait de bonnes études sous les jésuites, il se livra à l'art de guérir avec l'ardeur d'un élève qui veut en connaître tous les secrets, en apprécier toutes les ressources, pour en faire tourner les progrès au profit de l'humanité souffrante. Son amour pour la science put facilement s'alimenter par l'habileté des professeurs qu'il suivit pendant près de quatre ans à Paris.

A dix-neuf ans il commença sa carrière à l'armée d'Allemagne: c'est sur cette scène de destruction qu'il fit l'application des connaissances théoriques qu'il venait de puiser dans les écoles. Pendant près de deux ans qu'il resta à l'armée, son génie observateur lui fournit les occasions de faire une ample moisson de faits, qui ont dans la suite dirigé sa pratique.

En 1762, à peine âgé de vingt-un ans, il fut reçu maître en chirurgie, et peu de temps après, maître-ès-arts de la faculté de

Pont-à-Mousson ; précocité bien rare qui ne pouvait qu'être le fruit d'une application soutenue et de dispositions peu communes. En 1764, le roi de Pologne, Stanislas premier, le nomma son chirurgien ordinaire ; l'année suivante il obtint la place de chirurgien pensionné de Lunéville : de tels encouragements à l'âge de 24 ans, contribuèrent à élever sa réputation et augmentèrent encore son émulation.

L'année 1766 devait le voir couronner deux fois : d'abord par l'académie royale de chirurgie de Paris, ensuite par celle de Nancy, *sur l'examen de plusieurs préjugés et usages abusifs, concernant les femmes enceintes, celles qui sont accouchées, et les enfants en bas âge ; lesquels préjugés et usages abusifs font dégénérer l'espèce humaine : avec les moyens d'y remédier.* Les avantages qui sont résultés de la solution de cette question, font autant d'honneur à l'académie sur le choix de son sujet, qu'à celui qui a rempli une tâche si louable : dans la même année, mon père fut nommé correspondant de l'académie royale de chirurgie de Paris.

En 1768, il remporta le premier prix proposé par cette académie, sur la question difficile et trois fois remise au concours : *établir la théorie des contre-coups dans les lésions de la tête et les conséquences pratiques qu'on peut en tirer.*

En 1770, il devint greffier du premier chirurgien du roi, et juré aux rapports.

En 1774, il fut encore couronné par l'académie royale de chirurgie de Paris.

En 1775, la même académie lui décerna le premier prix, sur la belle question deux fois remise au concours : *Quelle est dans le traitement des maladies chirurgicales l'influence des choses nommées non naturelles?* A la suite de tant de succès, l'académie mit le comble à ses récompenses en le nommant son associé. On ne vit pas sans étonnement ni sans admiration, un jeune athlète cueillir en si peu d'années tant de lauriers; et obtenir l'association au premier corps savant de l'Europe, à l'âge où d'autres commencent seulement à inspirer de la confiance; mais quels prodiges ne doit-on pas espérer du travail chez l'homme doué d'une ame ardente, que rien ne pouvait détourner du brûlant désir de s'instruire.

En 1777, les sociétés savantes de Suède et de Hesse-Hombourg, s'associèrent celui qui avait déjà tant fait pour la science.

En 1779, on ouvrit un concours pour la nomination de l'un des chirurgiens-majors de la gendarmerie, mon père y parut et remporta un avantage qu'il dut à la supériorité de son instruction, prix d'autant plus flatteur que les concurrents étaient tous des hommes d'un grand mérite.

En 1785, il fut nommé lithotomiste en chef des duchés de Lorraine et de Bar; c'est ici où la science et la dextérité déployèrent tous leurs moyens et justifièrent le choix qu'on avait fait de mon père; les observations consignées dans ses mélanges de chirurgie, ont donné une grande idée de ses succès dans l'opération de la taille, et Lunéville a acquis une renommée, même chez l'étranger, pour l'extraction du calcul urinaire. Dans la même année il fut nommé lieutenant du premier chirurgien du roi.

En 1789, se trouvant sans emploi militaire par la réforme de la gendarmerie, il obtint la place de chirurgien - major des carabiniers grenadiers des troupes à cheval. Quelques années après commença la guerre ; c'est là où son génie s'est montré en suppléant par son industrie aux obstacles que présentaient les circonstances, et la situation de ceux qu'il avait à soulager ; c'est là où affrontant les dangers et méprisant la mort, il portait des secours aux blessés sous le feu même de l'ennemi, n'ayant de pensée que celle de sauver des victimes, au moyen d'un art qu'il avait enrichi ; et au milieu du tumulte des armées, il rédigeait des observations pour en reculer les bornes : la passion de s'instruire le suivait partout.

En 1794, on vint l'enlever à un corps où les regrets de sa perte existent encore, pour être chirurgien en chef de l'armée du Nord : cette place offrit à ses talents un vaste champ, qu'on étendit en le nommant, la même année, en chef à l'armée de Sambre et Meuse. Je laisse ici son éloge à faire à ses collaborateurs, j'en abandonne les pages à tous ceux qu'il a secourus, ne pouvant pas le suivre dans une marche où il a fait connaître toutes les ressources d'un art réparateur et les applications lumineuses qu'il en tirait.

En 1795, il fut appelé au conseil de santé des armées, récompense bien digne de si nobles services. Pour apprécier l'importance de ses nouvelles fonctions, il suffit de savoir de quels hommes ce conseil se compose, et nous verrons qu'il était parvenu au poste militaire le plus élevé. En quittant cette place, il rend compte lui-même de sa gestion, par le bien qu'il a fait, par les souvenirs qu'il a laissés et par les regrets qu'il a emportés de ses savants collégues, auxquels je dois le tribut de ma gratitude, pour avoir fait refluer sur moi l'attachement qu'ils lui portaient. L'un d'eux qui m'honorait d'une tendre amitié, me disait : *que vous êtes heureux d'être fils d'un tel père.* Quel éloge dans la bouche d'un savant aussi recommandable que le philantrope Parmentier ! Si nous voyons partout les images de ceux qui se sont illustrés dans les arts agréables, comment pourra-t-on éterniser la mémoire de cet ami de l'humanité, qui a augmenté le nombre, amélioré les espèces des végétaux, je pourrais dire qui a pétri lés aliments les plus utiles aux hommes ?

En 1796, un nouvel honneur attendait mon digne père; il fut nommé associé non résidant de l'Institut, lors de la création de ce corps; d'après la demande de cette société, il lui fit parvenir ses observations sur les probabilités de la vie humaine : en prolonger la durée ayant été le but de tous ses travaux, de semblables recherches ne convenaient à personne plus qu'à lui. Dans la même année vous le nommâtes correspondant de votre société, vous lui prépariez, Messieurs, une nouvelle célébrité en l'associant à celle que vous avez si justement acquise.

La société de médecine de Bruxelles le mit aussi au nombre de ses membres.

Il remporta le prix proposé par la Convention nationale sur *l'éducation physique des enfants*, opuscule consulté par tous ceux qui recherchent les préceptes donnés par le savoir, appuyé de l'expérience.

Enfin arrive le moment où le gouvernement, par une pension de retraite, reconnaît de si longs et de si glorieux services; rentrant dans ses foyers au sein de sa famille, le besoin de travailler se fait sentir en lui plus vivement que jamais.

En 1798, votre société en lui décernant le premier prix d'émulation, mit le comble à sa gloire, sans mettre un terme à ses travaux, car peu de temps après ayant réuni les matériaux, résultats de ses veilles, il mit au jour, en 1801, ses *Mélanges de chirurgie*; il ne m'appartient pas de louer cet ouvrage, qui se trouve dans la bibliothèque de tous les gens de l'art.

En 1802, il fut nommé des sociétés de médecine de Paris, de celle d'agriculture, sciences et arts du département du Bas-Rhin.

En 1804, il devint membre de la société des sciences, belles-lettres et arts de Nancy.

La société impériale des naturalistes de Moscou l'admit parmi ses membres en 1809.

Depuis l'époque de sa retraite il marquait chaque jour par un pas vers le perfectionnement de son art; il se tenait au courant de toutes les découvertes et faisait des recherches continuelles, afin d'en étendre le domaine : occupation qui était pour lui une source pure de jouissance.

Quels grands souvenirs accompagnent une existence de soixante-treize ans, dont cinquante - deux consacrés à exercer d'une manière si distinguée la médecine et la chirurgie; celui qui a rempli une si belle carrière dans la même ville (ne s'en étant éloigné que quelques années pour suivre ses places militaires), laisse après lui un vide difficile à remplir.

Après avoir esquissé le tableau de la vie savante de ce grand maître, il me sera permis de jeter quelques fleurs sur sa tombe, comme excellent époux, tendre père, bon ami, et philosophe protecteur de l'humanité.

La médecine porte avec elle ce caractère sacré, que celui qui s'y voue, peut à chaque instant soulager son semblable : qui plus que mon père a mis en œuvre cette charité, je ne dirai pas de tous les jours, mais de tous les momens; si ceux qu'il a soulagés dans leurs maux avaient entouré son cercueil, jamais pompe funèbre n'aurait été ni plus nombreuse, ni accompagnée de plus de larmes de la reconnaissance.

Les autorités et ses concitoyens lui donnèrent dans tous les temps les marques les plus honorables de distinction, douce récompense d'une vie exempte de reproches, qui lui mérita la vénération publique. Elle s'est manifestée dans toutes les occasions; une surtout, restera éternellement gravée dans le cœur de ses enfants : ce fut lorsqu'une partie de la population de Lunéville fit une haie sur son passage, alors qu'il se rendait avec sa compagne, l'exemple des mères, toute sa famille et une partie de ses amis, au lieu destiné à célébrer le renouvellement de son mariage, après cinquante ans de l'union la plus heureuse : tous les spectateurs découverts semblaient rendre hommage à des cheveux blanchis en faisant le bien; quel triomphe peut égaler un semblable témoignage d'estime ? Les preuves d'attachement qu'il reçut à cette époque ont provoqué sa sensibilité à un tel point, que depuis ce moment ses larmes coulaient aux moindres émotions de son ame, émotions fréquentes par les marques de tendresse qu'il recevait de son épouse, de respect et d'amitié de ses enfants, petits-enfants, et de ses amis. Les réunions de famille faisaient le bonheur de sa vie patriarcale, et quand on lui demandait pourquoi il avait quitté des places aussi éminentes que celles qu'il avait occupées, il répondait par une sentence bien digne d'un sage sans ambition : *il faut mettre un moment entre la vie et la mort ;* la sienne a été celle d'un juste qui change de demeure.

Il ne s'était pas isolé dans les seules connaissances de son état ; il prouvait que l'homme studieux trouve le temps d'acquérir des notions sur toutes les sciences, aussi n'était-il étranger à aucune ; son esprit était meublé de choses utiles et agréables. La littérature le délassait de l'étude de son art, qu'il a exercé dans tous les temps, avec un tel désintéressement, qu'il laisse à ses enfants sa seule réputation pour héritage, pour modèle ses vertus à imiter, et à sa veuve inconsolable le souvenir du meilleur des époux.

FIN.